文化记忆

解密之旅

山西文化记忆 学生版

丛书主编 吴素荣

丛书副主编 张永昌 程惠萍

山西出版传媒集团 山西教育出版社

·太原·

图书在版编目（CIP）数据

解密之旅 / 吴素荣主编. -- 太原 : 山西教育出版社, 2025. 2. -- （山西文化记忆 : 学生版）. -- ISBN 978-7-5703-4237-2

Ⅰ. G127.25-49

中国国家版本馆CIP数据核字第2024C7257F号

解密之旅

JIEMI ZHI LÜ

选题策划 马 宏 狄晓敏
责任编辑 张雯嘉
复 审 马 宏
终 审 李梦燕
装帧设计 陈 晓
插 画 薛 菲
印装监制 蔡 洁
出版发行 山西出版传媒集团・山西教育出版社
（太原市水西门街馒头巷7号 电话：0351-4729801 邮编：030002）
印 装 山西新华印业有限公司
开 本 787 × 1092 1/16
印 张 6.5
字 数 80千字
版 次 2025年2月第1版 2025年2月山西第1次印刷
书 号 ISBN 978-7-5703-4237-2
定 价 38.00元

角色介绍

老山

身份： 博士。

性格： 和蔼，亲和力强，喜欢讲故事。

擅长： 从文学、历史、地理等方面解读山西。

小西

身份： 小学生。

性格： 调皮、可爱，喜欢搞怪，也喜欢钻研。

爱好： 旅游、探险。

时空机

身份： 老山的交通工具，也是他的法宝。

超能力： 可作为普通交通工具，载着老山、小西游览大好河山，也可穿越时空，回到古代。

缺点： 偶发机械故障。

引子

大家好！我是来自山西的小学生小西。

如果你是一名爱旅游、爱冒险、爱刺激，嘴还有点馋的小学生，结识我就对了。我可以带你走遍山西的一座又一座高山，吃遍山西的一种又一种美食。对了，同行的还有一位大博士——老山爷爷，我俩性格非常相似，一次偶然相遇，我俩成了忘年交。老山爷爷知识渊博，总是在我有点迷惑的时候，用他一肚子的历史文化知识点拨我，让我徜徉在历史文化的长河中，近距离地感受中华文明的点点滴滴。

悄悄告诉你，老山爷爷有件法宝——时空机，那可是我俩在一次探险中偶然得到的，别小看这件法宝，只要输入准确的时间和地点，时空机就会顷刻间带你到达，可神奇啦！不过偶尔也会出点小状况，读完书你就知道了。时空机穿越到古代，我们还可以和历史人物近距离对话呢，不过这个功能爷爷不常用，他怕我搞乱历史进程。大多时候，时空机就是我们的一个普通的交通工具，爷爷驾驶时空机带我走南闯北。

“五千年华夏文明看山西”，这两年爷爷带着我“游遍了”32个首批“山西文化记忆”项目，这些项目有世界上最大的黄色瀑布，有崔嵬壮观的云冈石窟，有清凉圣境五台山，有雄伟庄严的唐代木构建筑佛光寺，有彰显忠义精神的解州关帝庙，有悬在绝壁之上的悬空寺，有天下九塞之首的雁门关，还有古老的洪洞大槐树……

小朋友们，怎么样？翻开书，随我开启一场山西的神奇之旅吧。

目录

“邮”话平遥古城

平遥古城：世界文化遗产，国家历史文化名城，中国古代城市营建理念的杰出典范和迄今保存最完整的明清县城，活态传承了中国北方历史城镇的社会经济与文化生活，完美呈现传统与现代的交融之美。

穿越吧——我们去哪儿

老山： 小西，爷爷年轻时有个爱好——集邮票，这些小小的邮票中蕴藏着深厚的历史文化。今天我们要去的地方就和下面的图案有关，它也是晋商文化和晋商精神的发源地。你猜猜是哪儿？

小西： 嗯……邮票……晋商……我知道啦！爷爷，是平遥古城！

老山： 呦！小西好聪明！没错，就是平遥古城。这里被誉为国家历史文化名城，1997年被联合国教科文组织列为世界文化遗产，是中国迄今保存最完整的明清县城。

小西： 读万卷书，行万里路。爷爷，我们快出发吧！

老山： 哈哈，瞧你急的，别忘了在地图上找到平遥古城！

小西： 好嘞！

文化名片

平遥古城位于山西省晋中市平遥县，是中国城市在明清时期的杰出范例。这座拥有2800多年历史的古城，向人们展示了一幅非同寻常的文化、社会、经济及宗教发展的完整画卷。

1986年12月8日，平遥古城被中华人民共和国国务院命名为第二批国家历史文化名城。1997年12月3日，平遥古城与双林寺、镇国寺被联合国教科文组织确定为世界文化遗产，列入《世界遗产名录》。2015年7月20日，平遥古城获批为国家AAAAA级旅游景区。

挑战吧——我们来了

“邮”话平遥古城

- “邮”些秘密
- “邮”上乾坤
- “邮”话古城

“邮”些秘密
——解密“活着的古城”

老山： 小西，我们到啦！俯瞰平遥古城，你会发现它是由城墙、店铺、街道、寺庙、民居等共同组成的一个庞大建筑群。整座城池对称布局，总占地面积2.25平方千米，城内分布着四大街、八小街和七十二条蚰蜒巷。走，我们到城内看看！

迎薰门

老山：现在我们来到了主门——迎薰门，它也是古城的南门入口，走过这里就算是进城了。

小西：哇！这就是迎薰门，真是高大宏伟！它历经风雨侵蚀仍然保存完好，真是太神奇了！

老山：小西，你知道吗？走迎薰门是历代平遥百姓的习俗。据传，古代建城有“龟前戏水，山水朝阳，城之攸建，依此为胜”的说法，这南门迎纳着东南方的和熏之风，百姓相信从迎薰门走过，便是迎福纳祥。

小西：原来如此，它延续着百姓的美好愿望，怪不得叫迎薰门呢！

老山：你再仔细看，城门两侧绵延的城墙，设计严谨，以险制塞，是这座古城重要的军事防御体系。

小西：真是太厉害了！为古人的智慧点赞！

南大街

老山：小西你看，走过迎薰门，我们面前的这条主街道就是南大街。据说，平遥城是座“龟城”，南大街就是神龟的脊梁，摇头摆尾镇山河！南大街是古城的中轴线，以它为中心，古城按照“左文庙、右武庙，左城隍、右衙署”的建筑格局展开。

小西：哇！这里有好多小吃，还有民俗表演。爷爷您看，还有小朋友在滚铁环儿呢！

老山： 是啊，南大街仍然保持着古老的商业街风貌。当年，这里就是古城最繁华的街道，商贾云集，票号、当铺、药铺、醋坊、推光漆器传统老字号等店铺林立，十分繁华。

小西： 怪不得南大街如此重要，它不仅是全城的脊梁，还展现了古老的商业街风貌呢！

日昇昌

小西： 日昇昌……爷爷，爷爷，我看到票号啦！

老山： 厉害！随着人流走到南大街的尽头，就能看到日昇昌票号。你看，这名号中隐藏着四个“日”字，寓意旭日东升、蒸蒸日上、繁荣昌盛。日昇昌是中国历史上第一家专营存款、放款、汇兑业务的私人金融机构，开中国银行业之先河。

小西： 原来，票号相当于现在的银行啊！日昇昌竟然是中国历史上的第一家金融机构，作为山西人，我真是太骄傲了！

日昇昌票号

俯瞰平遥古城

“邮”上乾坤
——设计“眼中的平遥”

老山：小西，通过探索邮票图案的秘密，你一定发现了这座“活着的古城”的秘密。如果我们设计一款“你眼中的平遥”专属邮票，你愿意试试吗？

小西：爷爷，我只在您的集邮册中见过邮票，让我设计邮票太有挑战性了。不过，我愿意试一试！

老山：小西，多观察、多思考、多尝试，你一定能发现平遥古城最特别的地方，并把它们汇聚于笔端。爷爷也会帮助你，加油！

老山：爷爷给你提供一些思路。其实，平遥古城就是一座建筑博物馆，置身其中，仿佛站在岁月的长河里。文庙、双林寺、镇国寺……让人目不暇接，它们深情诉说着久远的故事。500多年前，在平遥古城双林寺，这里的匠人在千佛殿的窗台和门两侧，留下了30余位少女“供养人”彩塑。500多年后，明朝少女“穿越”而来，在古城里徜徉。这场“穿越”始于2020年，平遥复原了双林寺的5位彩塑“供养人”服饰，让“活起来”的文物走进更多年轻人的世界。你有没有注意到，街上到处都是穿着古装的人，你也可以让他们成为你邮票里的故事！

小贴士：

邮票素有“国家名片”之称，它展现了一个国家或一个地域的历史、文化和风土人情。每一枚邮票都是一个故事、一个文化的载体，它传递着国家的形象、地域的特色，从而使人们了解一个国家或一个地域的文化与魅力。

小西： 对啊！您这一提醒，我想到了很多事物，都可以作为邮票的设计素材呢！

老山： 是的，用眼睛感知古城的神秘之美，会发现其大有大的宏伟，小有小的精妙。

老山： 对啦小西，好不容易来一趟古城，你准备带些什么给家里人呢？

小西： 哇，那太多了！平遥碗托、平遥牛肉、手工鞋、长昇源黄酒、漆器工艺品……

老山： 真懂事！相信通过刚刚的思考，你一定也找到了心中最特别的平遥古城。试着拍一拍、画一画，把你看到的、尝到的，甚至是想到的内容都体现在邮票上，展现古城的文化特色。

小西： 爷爷，走过古城，我有好多想法，但是……我不知道从哪里着手。

老山： 小家伙，别着急。设计邮票时，可以先把票名写在上面，你要不要试试看？

小西： 太好了！我现在就动手。

设计样式

小贴士：

想要把平遥古城的美留在邮票上，还需要注意以下几点：

第一，图案设计要考虑整体的美观性。比如整体布局、颜色搭配等。

第二，可以配以恰当的文字说明。每枚邮票需要配有简短的文字说明，用于介绍邮票的主题、发行目的等信息。文字的大小和书写方式也要和主题适配。

平遥古城城墙

“邮”话古城
——讲解“邮票上的平遥”

老山： 小西，邮票虽小，却是一个地区乃至一个国家的名片。

小西： 是的爷爷，邮票上的平遥体现了我们山西的文化元素。

老山： 不论是普通邮票、纪念邮票还是特种邮票，都蕴含着优秀的传统文化，独具实用价值、文化价值和艺术价值。此行结束后，你能以自己设计的邮票为载体，说说你眼中的平遥吗？

小西： 好，我想想。在我眼中，平遥古城就是一张完美展现历史风貌的邮票。它的底色深沉而庄重，如同古城墙灰色的色调，稳重而不失大气。邮票上，古城墙的轮廓清晰可见，那是时间的见证。而城墙内，街道纵横交错，商铺林立，民居古朴，每一处都透露出浓郁的历史气息。

老山： 不错呀！小西。平遥古城一游，你的文化素养也提升了。

小西： 我还没说完呢，爷爷。平遥推光漆器的精美图案、平遥牛肉的诱人香气，都是平遥古城独特的标签，是平遥人民世代相传的智慧结晶。

老山： 小西概括得真好！

小西： 平遥人民热情好客，他们身着传统服饰，笑容满面，无论是在街头巷尾闲聊，还是在商铺中忙碌，都传递出一种温馨与和谐的氛围。他们的存在使这座古城更加生动，更加具有人情味。

老山： 是呢！平遥古城充满古韵，历史文化丰富，人民热情好客。我相信，通过宣传会让更多的人了解和爱上这座美丽的古城。

平遥古城街景

拆盲盒吧——太多惊喜了

盲盒一：平遥古城是如何保存下来的？

20世纪80年代，古城年久失修。由于当时经济落后、物资匮乏，老百姓的温饱问题尚待解决，国家需要大量资源和资金发展经济，改善民生，而修缮和保护古城需要投入大量的财力和物力，因此，古城被列入拆迁名单。

同济大学教授阮仪三看到拆迁方案后非常吃惊，当他赶到平遥时，城墙已经被扒开一个大口子，并为了拓宽成路，拆除了百余米临街建筑物。阮仪三心痛万分，恳请平遥城建部门保留古城，他夜以继日地完成了“新旧分开、确保老城、开发新区”的规划编制。新的规划既能保护古城风貌，又能满足城市发展的需要。最终，在各方的不懈努力下，文化部拨专款维修平遥古城城墙，千年古城得以保留。

盲盒二：平遥古城发生过哪些感人的事迹？

清朝末年，平遥古城票号东家赵易硕倾尽家产，从沙俄保回了分号王掌柜的孩子。同兴公镖局232名镖师同去，途中历经坎坷，危险重重。七年后，赵东家同232名镖师全部在途中遇难，而王家孩子得以幸存，最终回到了故乡。

我们可以走进《又见平遥》的剧场，开始一次穿越式沉浸体验。你将融入其中，亲身体验这动人的故事。剧场既没有前厅、主入场口，也没有观众席，更没有传统意义上的舞台。整部剧巧妙地融入了晋商文化、票号文化、镖局文化、建筑文化、民俗文化及以家国天下为信仰的传统价值观等平遥文化符号，通过穿越式的情境体验，带观众深入了解平遥古城的历史。

展示吧——收获真不少

小西： 爷爷，这趟行程太值了！不仅让我看到了多面的平遥古城，还学会了如何设计邮票。

老山： 是啊，古城的一砖、一瓦、一街、一巷都在诉说着历史。其实，旅程的结束并不意味着学习的终止，我们在旅程中看到的风景和学到的知识都值得反复回味！小西，你可以试着从多个角度展现自己的收获。

- 简单设计一组以“我眼中的平遥古城”为主题的邮票样式。
- 参照自己的邮票样式，说说“我眼中的平遥古城”故事。

小西： 好的爷爷，我太期待和小伙伴分享了！

扫码获取
☑听·晋地风华
☑观·溯源影像
☑阅·系列好书

子推燕燕说寒食

寒食节·绵山： 春秋时期介子推隐居绵山，义不受封，因此形成了传统节日寒食节。寒食节是中国民间传统忠孝文化的重要习俗，是中华儿女追忆先贤、自励自省的典型承载。绵山也由此成为中国清明节（寒食节）的文化发源地。

穿越吧——我们去哪儿

小西： 爷爷，您一揉二捏三剪的，在捣鼓什么呢？

老山： 哈哈，我在挑战新技能！

小西： 什么新技能呢？让我瞧瞧。

老山： 爷爷想用手中的面团捏出一个燕子花馍，体验我们山西的国家级非物质文化遗产技艺。

小西： 花馍我吃过，也叫“面花”，是民间面塑品。山西作为面食之乡，花馍色彩艳丽，造型多样。爷爷，您为什么专捏小燕子呢？

老山： 小西问得好！这只燕子花馍大有来头，民间管它叫“面燕”。在晋西北，小辈送给长辈的是大而敦实的面燕，叫“老燕”；长辈送给小辈的是小而精巧的面燕，叫“小燕”或者“燕燕”。在文字资料中，记载为“子推燕”。这个名字与一位忠臣有关，他就是春秋时期晋国的大臣介子推。

小西： 哦，原来这花馍里有故事呢！您今天是不是要带我去这只“子推燕”的故乡呢？

老山： 没错，你来猜猜我们的目的地。

小西： 花馍“子推燕”……晋国大臣介子推……我知道了爷爷，我们的目的地是不是位于晋中市的介休绵山？

老山： 完全正确。在地图上定位介休市，准备出发！

文化名片

绵山，在山西介休市东南。古时山下有绵上之田，故称绵山。春秋时介子推隐居此山，亦称介山。

景区现有14个大景点，360多个小景点，可组成寒食清明文化游、休闲山水自然游、古建文化游等游览路线。绵山是国家AAAAA级旅游景区，山西省重点风景名胜区，中国清明节（寒食节）发源地，中国寒食清明文化研究中心，中国寒食清明文化博物馆。

2008年，介休被授予“中国清明寒食文化之乡”称号，每年都会举办寒食清明文化节。

小贴士：

寒食节，是我国的传统节日。因其在清明节前一两日，逐渐将二者融为一体，人们在这天会扫墓、踏青。

挑战吧——我们来了

子推燕燕说寒食

- 为什么是绵山
- 什么样的故事
- 怎么样的纪念

为什么是绵山
——路途遥远，只为逃避国君

小西： 爷爷，这一路上我一直有个疑惑，介子推是春秋时期晋国的大臣，他为什么不辅佐君主，而是带着母亲隐居山林呢？

老山： 你真是个爱思考的孩子！这得从介子推的为人说起。介子推是忠臣孝子的代表。相传春秋时期，晋献公宠爱骊姬，杀害了太子申生，还想加害公子重耳和夷吾。介子推听从母亲的嘱托，保护重耳投奔齐国。晋献公死后，晋国国内一片混乱。公子重耳在秦国的支持和介子推等人的帮助下，回到晋国即位。介子推却不辞而别，与母亲隐居到了距当时晋国国都曲沃数百千米的介休绵山。

小西，晋国国都曲沃距离介休究竟有多远呢？认真读一读下表中的数据就清楚了。

临汾市 曲沃 ←约190千米→ 晋中市 介休	
自驾	约2.5小时
步行	按每天走8小时，每小时走7.5千米计算，约5.5天

小西： 哇，走这么远真是太不容易了！爷爷，我怎么觉得介子推身上充满了谜团，他为何要功成隐居呢？

老山： 好孩子，这里面藏着一个故事，爷爷就在龙脊岭景区的介子推母子塑像前给你讲讲吧。

小西： 好！有故事听喽！

清幽的绵山风光

龙脊岭因位居双龙交会的背脊而得名。登上龙脊岭，掬一捧洁净的泉水，凉凉的、滑滑的，十分惬意。极目四望，深涧峭壁，古松苍柏，尽收眼底。不时有鸟儿任意翻飞，偶尔有几声鸣叫，使神奇的山野更加清亮迷人，使轻松惬意的游人更加心旷神怡。

什么样的故事
——割股奉君，只为晋国大业

老山： 相传春秋时期，晋国公子重耳为躲避祸害四处流亡，途中受尽屈辱。一次，在一处渺无人烟的地方，他饥饿乏力，无力前行，随行的人想尽办法也未找到食物充饥。

小西： 这可怎么办呢，爷爷？

老山： 随臣介子推走到僻静处，从自己的大腿上割下一块肉，煮了一碗汤让重耳喝下，重耳这才渐渐恢复体力。

小西： 哇，太感人了！那重耳什么时候才能结束流亡呢？

老山： 流亡19年后，重耳回到晋国做了君主，成为历史上著名的春秋五霸之一——晋文公。晋文公即位后，重赏了那些跟从他流亡的臣子，却唯独忘了劳苦功高的介子推。

小西：那介子推会失望吗?

老山：哈哈，介子推的邻居解张得知此事，劝他面君请功受赏。但邻人解张的相劝遭到了介子推的拒绝，解张便写了一首诗挂在城门上。晋文公得知后十分愧疚，急忙询问介子推的下落。

（说话间，两人便来到了绵山栖贤谷景区。这里山环水绕，曲径通幽，为天下罕见的九曲一线悬桥飞瀑峡谷。两边怪石嶙峋，少有草木，须攀十余架天梯才能通过。）

老山：小西快看，据说当年介子推母子就是从这里到达归隐地的。

小西：爷爷，这里空气好清新啊！我已经沉醉于这山光水色之中了。这里果然是仙境，真是个不错的安身之地啊！只是这地势陡峭，您刚

俯瞰绵山

说须攀十余架天梯才能通过，那介子推与母亲是如何通行的呢？

老山： 介子推是有名的大孝子，传说是背母上山的。晋文公寻臣心切，率军前往绵山，命众将在山中寻找介子推，却没有找到任何踪迹。恰在此时，有人献计晋文公放火烧山，三面点火，只留一面，逼介子推主动出山。介子推是个有名的大孝子，为了母亲，他一定会主动出山的。晋文公只好下令放火烧山，可大火烧了三天三夜，也不见介子推的身影。大火熄灭后，士兵们在一棵烧焦的柳树旁发现了介子推母子，他们相拥而死。晋文公顿时痛哭流涕。安葬两人时，有人发现介子推身体遮挡的柳树树洞里有一片衣襟，上面写着一首血诗：

割肉奉君尽丹心，但愿主公常清明。
柳下作鬼终不见，强似伴君作谏臣。
倘若主公心有我，忆我之时常自省。
臣在九泉心无愧，勤政清明复清明。

小西： 爷爷，上面这首诗出现次数最多的一个词是“清明”，它与我们今天常说的清明节相同吗？

老山： 小西，听我讲完你就明白了。晋文公读懂了介子推的诗，他知道这位忠臣希望自己能够做一位清正廉明的国君。后来，晋文公感念介子推的志向，决定把他葬在绵山，并下令在介子推死难之日不准用火，上至君王、下到百姓都只能以冷食充饥。以此牢记自己放火烧山、痛失忠臣的过错，并深深祭奠介子推，寒食节便由此而来。晋文公还将绵山改名为介山，在山上为介子推建立祠堂，它就是绵山介公岭景区的介公祠。

小西： 原来是这样！爷爷，这故事好感人呀！后来呢？

老山： 第二年春天，晋文公登山祭奠介子推，行至坟前，竟发现那棵烧焦的柳树抽出了新芽。他望着复活的柳树，感慨不已，上前敬重地折下一段柳枝，编成一个圈戴在头上。祭扫后，晋文公为复活的柳树赐名“清明柳”，并将这天定为清明节。

小贴士：

介公祠，也称介子祠、介神庙。寺庙内供奉介子推、介母、解张三人塑像。

老山指津：

清明最早只是一种节气的名称，时间在春分之后。这时冬天已去，春意盎然，天气晴朗，四野明净，大自然处处显示出勃勃生机，是人们春游踏青的好时候。由于清明节气与寒食节只相差一两天，人们便把二者合一，将寒食节祭祀祖先的习俗与之融合，清明便由农事节气演变为一个敬天法祖、慎终追远的纪念日。渐渐地，清明节回乡祭祖、追忆先贤的民俗，也由介休一城扩展至全国，成为承载中华文化的重要传统节日。

怎么样的纪念
——子推燕燕，只为念念子推

老山： 每到清明前，介休的家家户户都会提前制作一种名叫“子推燕”的面食，并把蒸熟的子推燕用柳枝串起来挂在房前，这是古城人家世代沿袭的风俗。介休方言说“燕燕”就是“念念”，意为念念不忘介子推。“柳”用介休话讲就是“留”，意为留念介子推。

小西： 平日我最爱用软泥捏各种物件了，换做面团，应该也能上手。我想带着自己亲手捏制的子推燕燕，向老师和同学讲讲介子推忠君孝亲的动人故事。

老山： 小西真了不起，为你的传承精神点赞！

老山指津：

按照千百年的风俗流变，寒食节祭祀，早已不再是单单祭祀介子推。如今，我们不仅在此日祭扫革命烈士墓，也祭祀祖先，悼念亡人。

拆盲盒吧——太多惊喜了

盲盒一：晋文公放火烧山是真的吗？

人类学会用火后，对火极其崇拜。氏族首领掌控着钻木取火的权力，宝贵的火种要自上而下传播，才能抵达千家万户。而且，出于对火的崇拜，古人一年四季皆要“更火”。所谓更火，就是要熄灭使用了一个季度的火种，重新钻木取新火。春三月是改火的时节，先民在新火未成之时，禁止生火，逐渐成为风俗，便形成了禁火节。春秋时期，因民间有纪念介子推的传说，便将古老的禁火节与介子推联系起来，将禁火节改为寒食节。实际上，关于绵山与介子推的关系，史籍记载非常少，但在民间口头传说中，内容极为丰富。所以，晋文公放火烧山寻找介子推的故事只是民间的传说。

盲盒二：古诗词里有哪些和寒食节有关的诗句？

寒食节前后绵延两千余年，曾被称为中国民间第一大祭日。如今，寒食节已经成为历史，我们可以通过寒食节诗词找寻那远去的节日记忆。

寒食

唐・孟云卿

二月江南花满枝，
他乡寒食远堪悲。
贫居往往无烟火，
不独明朝为子推。

寒食

唐・韩翃

春城无处不飞花，
寒食东风御柳斜。
日暮汉宫传蜡烛，
轻烟散入五侯家。

寒食日

唐・元稹

今年寒食好风流，
此日一家同出游。
碧水青山无限思，
莫将心道是涪州。

盲盒三：寒食节时，南北方的饭食一样吗？

清明春寒，严禁“起火煮饭”的政令如果违背民心民意，将会寸步难行。千百年来，百姓严格遵循这一传统，也反映了百姓愿意祭祀他们心中的贤者仁人介子推。据说晋文公执政期间，常把介子推留下的那份血书带在身边，鞭策自己勤政清明、励精图治。在他的治理下百姓安乐，国家昌盛。

百姓为了纪念介子推，每逢寒食节都不生火做饭，只吃冷食。北方百姓吃事先做好的凉粉、凉皮、凉糕、碗托、枣饼、麦糕等，或用面粉和着枣泥捏成小巧的家禽、飞燕等形状，上笼蒸熟后用柳枝挂于屋内备食；南方百姓则多吃青团、麦粥、青精饭和糖藕。还有一种寒食南北方都爱吃，名叫馓子，是一种油炸食物。

展示吧——收获真不少

老山： 小西，你想不想让自己捏的“子推燕”亮相寒食展？

小西： 当然想啦，爷爷。可我的作品怎样才能被选中呢？

老山： 你可以参照历届展品捏制，也可以请教长辈啊！

小西： 好的，爷爷！我还可以上网查找“子推燕”的相关资料，边学习，边尝试。

解密木塔的千年不倒之谜

应县木塔： 世界上现存最古、最高的纯木构楼阁式建筑，结构严谨、巧夺天工，展示了我国古代高超的建筑艺术，被誉为“世界三大奇塔”之一。

穿越吧——我们去哪儿

老山： 小西，你一个人在屋里待了这么久，忙什么呢？

小西： 爷爷，我正在跟积木较劲儿呢。我想搭一座高塔，请看我的第101次表演。再加一块……又开始摇晃了……别……别……唉！又倒了。爷爷，看来搭积木不能要求高度，否则很难控制它的稳定性，我觉得我在挑战一个不可能完成的任务。

老山： 小西，这里面也有很多建筑学的大学问呢。你知道吗？世界上真的有一座塔把“不可能”变成了“可能”。这座相当于20多层楼高的塔，历经多次地震、雷击和战争，依然稳稳地屹立在那里。到今天，已经将近千年喽！更厉害的是当时建塔时，竟然没有使用一根铁钉，完全靠木材之间的相互咬合搭建而成。

小西： 这也太了不起了！是在我们国家吗？离咱们远不远？我能亲眼看看吗？我想探究一下这座塔为何如此坚固，看看它还有哪些秘密。

老山： 哈哈，看你这么激动，告诉你吧，这座宝塔就在我们的家乡——山西。它是中国现存最高的古代木构建筑，是中国唯一一座木结构阁楼式塔。它与意大利比萨斜塔、巴黎埃菲尔铁塔并称“世界三大奇塔”。你来猜猜看是哪里？

小西： 哦？您说的是应县木塔吧！我听说过这座塔，只不过不知道它居然这么了不起。好，我马上在地图上找出它的位置，我们立即出发！

老山： 小西，你别跑那么快，等等我……

文化名片

应县木塔位于山西省朔州市应县，也叫作佛宫寺释迦塔，距今有近一千年的历史。建于辽清宁二年(1056)，是中国现存最高的木构建筑，也是中国唯一一座木结构阁楼式塔。全塔采用全木结构搭建，塔高67.31米，总重量为7400多吨，没有使用一根钉子，可容1500人同时登塔。

2016年9月，应县木塔被吉尼斯世界纪录认证为“全世界最高的木塔”。

挑战吧——我们来了

解密木塔的千年不倒之谜

- 结构上的学问
- 层数中的奥秘
- 连接处的巧思

结构上的学问

小西： 哇！终于见到这座神奇的木塔了！气势恢宏、精美绝伦、古色古香……爷爷，好像用我知道的所有美好的语言来赞美它都不够！要建造这样一座高高的木塔，怎样才能保持重心稳定呢？我搭积木时一直无法解决这个问题。

老山： 我们需要研究一下这座塔的结构。你看，这座塔的外形有什么特点呢？

小西： 您一说我才注意到，这塔尖不就是笔尖吗？

老山： 小西说得没错，塔尖很像我们平时写字用的削好的铅笔尖。这么高的塔，没有一个稳固的台基是不行的，高楼不会平地起，盖塔需要打地基。你再观察一下这座塔的台基，还会有新发现。

小西： 是石质的台基，而且有两层。

老山： 其实这座塔下面还有地宫，木塔建造在4米高的双层台基上。石座层和地宫大大降低了木塔的重心，这便是应县木塔有67.31米高，却有很强的稳定性的重要原因之一。所以，小西，建筑是不是一门大学问？

小西： 是的爷爷，我搭积木的时候从来没有考虑过这些问题，真的是浅薄了。爷爷，你快看，原来这座塔是双层结构，难怪这么牢固。

老山： 准确地说是套筒结构，这是应县木塔结构的独特之处。

小西： 我明白了，这座木塔内外两层套在一起，并且两层之间又进行了紧密的连接，再加上稳固的底座，成为它屹立千年的重要原因。

小贴士：

套筒结构：木塔台基上有内外两槽立柱，柱头间有阑额和普拍枋，柱脚间有地伏等水平构件，内外槽之间有梁枋相连接，使双层套筒紧密结合，大大增强了木塔的稳定性。

层数中的奥秘

小西： 爷爷，我要开始搭塔了，让我数一下……一、二、三、四、五，搭五层就够了。

老山： 呵呵！

小西： 爷爷，您为什么笑啊，难道我连五层都能数错？我再数数……就是五层啊！爷爷，您快给我讲讲，这层数是不是也大有文章呢？

老山： 小西，这座木塔明为五层，其实在每两层之间都有一个暗层，共四个暗层，“明五暗四”，它是一座九层宝塔。

小西： 我不明白，爷爷，为什么要设计四个暗层呢？难道是为了增加木塔的神秘感？还是为了收藏珍贵的宝贝？

佛宫寺

释迦牟尼像

老山： 对于暗层，我专门做过研究。明层有空间，用以陈列佛像和供游人行走游览，而暗层除了安放楼梯以外，没有额外活动空间，主要布置大木梁架与斜撑。明层为柔层，可以释放木塔承受的冲击力；暗层是刚层，起到圈梁作用。明与暗相互叠加，在构造上体现了“柔、刚、柔、刚”交替的特征，这样的设计加强了木塔的整体性。

小西： 看来我又解开一个木塔千年不倒的密码啦！

连接处的巧思

小西： 爷爷，还有一个问题，这座塔这么高，这样精巧，建造的时候一定用了许多木材，可是您说整座塔没有一根钉子，那木材之间是如何咬合连接的呢？

老山： 应县木塔采用了一种巧妙的木结构方式，叫榫卯结构。遇到强烈震动时，榫卯结构可以通过摩擦与移位，释放塔本身承受的冲击力。

小西： 古代的工匠不仅有巧手，更有聪慧的大脑呀！

小贴士：

榫卯结构是一种极为精巧的构件连接方式。其凸出来的部分叫榫，凹进去的部分叫卯。这种连接方式不但可以承受较大的重量，而且允许产生一定的变形，以释放建筑承受的冲击力。山西浑源的悬空寺，采用的也是榫卯结构。

莲花般的斗拱

应县木塔斗拱

老山： 榫卯结构还可以制作成斗拱。斗拱是中国建筑特有的一种结构，在柱子的上部、屋檐下用许多方形的斗和弓形的拱组合而成。应县木塔共54种斗拱，被称作“斗拱博物馆”。应县木塔有“五最”，其中“最多”指的就是斗拱的数量啦。而且，这里的斗拱层层瓣瓣，朵朵不一。从下往上看，犹如莲花盛开，古人说这叫“百尺莲开”。

小西： 爷爷，我来说，斗拱不仅可以起到支撑和美观的作用，还可以在受到巨大冲击力时起到减震的作用。这一定是木塔千年不倒的又一个原因，我说得对吗？

老山： 不愧是小西，分析得非常有道理。

老山指津：

应县木塔历经风霜雨雪、无数次战争和地震，仍然屹立不倒，不仅是因为它有稳固的结构、独具匠心的设计，还有很多其他的原因，如木塔的材料、当地的气候，甚至在木塔上居住的成群的小麻燕也是保护木塔的功臣呢。

可以说，这座木塔凝结了劳动人民的智慧，堪称山河岁月里的神迹。

拆盲盒吧<——太多惊喜了

盲盒一：木塔是鲁班造的吗？

有这样一个传说，鲁班和妹妹打赌，一夜之间造好了应县木塔，还从天宫借来了避水珠和避火珠，使应县木塔免受风雨雷电的侵害。那么，应县木塔真的是鲁班造的吗？

鲁班是春秋时期鲁国人，而应县木塔建于1056年，离鲁班生活的年代已经过去1000多年了。所以，应县木塔不可能是鲁班造的。那应县木塔究竟是谁造的呢？目前没有明确的史料记载。有研究者认为其是由辽兴宗的皇后萧氏倡导修建的，用以供奉佛舍利，作为萧氏家庙。近千年来，人们只看到木塔，却不知道是谁造的塔，于是就把这个功劳安在鲁班的头上啦！

盲盒二：被应县木塔吸引的名人有哪些？

1932年，建筑学家梁思成在一份日本考古学家有关中国的考古报告中读到了有关“应州塔”的描述，非常兴奋，并请人为木塔拍了一张照片。1933年，梁思成来到了山西应县。第二天，他去看木塔，给木塔拍了照片，并做了详细的资料收集。他曾这样赞美这座塔：“好到令人叫绝，喘不出一口气来半天。这个塔真是个独一无二的伟大作品，不见此塔，不知木构的可能性到了什么程度。我佩服极了，佩服建造这塔的时代和那时代里不知名的大建筑师、不知名的匠人。”

除了梁思成，应县木塔还吸引了不少文人墨客。他们远道而来，登临赋诗，抒发感慨。明代诗人乔宇曾赋诗一首：

题应县木塔

明·乔宇

矗矗栏杆面面迎，盘空万木费支撑。
山川一览云中胜，烽火遥连塞上兵。
岁纪辽金留往迹，郡经秦汉有威名。
云梯踏遍穹窿顶，蜂蚁纷纷下界行。

康熙六年（1667），思想家顾炎武也来到应县，写下了诗句“灅南宫阙尽，一塔挂青天”。

展示吧——收获真不少

老山： 小西，这次应县木塔探秘之行，你一定收获很大吧？

小西： 是的，我要把我的学习成果展示给大家。我不仅要说一说、画一画，还要想办法搭一座小木塔。爷爷，瞧我的！

扫码获取
听·晋地风华
观·溯源影像
阅·系列好书

泥皮画上绘“永乐”

永乐宫： 中国现存最为完整的元代道教宫观，其壁画艺术集历代之大成，既承袭了“吴带当风”的唐代正统派绘画神韵，又有融合百家于一体的创新，是世界古代壁画艺术宝库，为中国美术界的临写圣地。

穿越吧——我们去哪儿

老山： 小西，“未央歌舞长欢娱”，打一古迹，你来猜一猜是哪里。

小西： 爷爷，“未央”是什么意思呀？

老山： “未央”是指汉代的未央宫呀！谜面是说未央宫的歌舞没有休止，一直在欢乐。言外之意，未央宫就是“永乐宫”！

小西： 永乐宫！我知道啦，爷爷，您今天要带我去永乐宫看神仙，那永乐宫在哪里呢？

老山： 小西，永乐宫在我们山西省运城市芮城县。你在地图上做好标记，我们准备出发！

俯瞰永乐宫

文化名片

永乐宫位于秦、晋、豫三省交界的芮城县，这里历史悠久、人杰地灵，是华夏文明的重要发源地。永乐宫是一座为纪念吕洞宾而修建的道教宫观，原名大纯阳万寿宫，创建于1247年至1368年间。永乐宫是我国现存最早的道教宫观，以精美绝伦的壁画艺术、富丽堂皇的宫廷建筑、举世瞩目的搬迁工程，以及独具特色的道教文化名扬四海。

小贴士：

吕洞宾，唐末道士。为道教八仙之一。

挑战吧——我们来了

泥皮画上绘“永乐”

- 为何绘“永乐”
- 泥皮画上绘“永乐”
- 如何保存绘好的“永乐”

为何绘“永乐”

它是东方艺术画廊

老山： 永乐宫最出名的当数壁画艺术，它绘于元代，比欧洲文艺复兴时期要稍早一些，已有700多年的历史。永乐宫壁画是中国古代壁画的瑰宝，在世界绘画史上也是罕见的巨幅画作，被称为“东方艺术画廊”！

小西： 爷爷，既然是巨幅画作，它有多大呢？比黑板还大吗？

老山： 我们去永乐宫壁画艺术博物馆转转你就知道啦。

小西，站在壁画前，是不是感觉特别震撼？为什么会有这种感觉呢？读一读下面的数字，你会有新的发现。

	相关数字	与生活事物作比较
壁画面积	1000平方米（分布在永乐宫4个大殿内）	比2个篮球场还要大，其面积在已知的全国元代寺观壁画中居首位
壁画高度	平均高度约4米	站在壁画前会有压迫感，远远高于日常住房层高（不到3米）

小西： 爷爷，真是太震撼啦！我以前只知“敦煌”不知“永乐”，今天来到这里，才知道咱们永乐宫壁画这么了不起！

它的人物栩栩如生

老山： 小西，你想近距离观赏永乐宫壁画吗？咱们快去三清殿观赏《朝元图》吧，它是元代壁画艺术的最高代表。

小西： 那我们要大饱眼福啦，太棒啦！可是，它为什么叫《朝元图》呢？

老山： 因为壁画描绘的是众神朝拜道教始祖——元始天尊的盛大场面。画上一共有280多位神仙呢！他们个个神采奕奕，表情、动作无一雷同呢。

小西： 他们站得好整齐呀！像在开会一样！原来神仙也要开会，哈哈。不过，我看有的神仙神情专注，有的神仙却像在走神，仿佛在思考着什么似的……他们穿的衣服也都很好看！

老山： 小西，《朝元图》中每个人物都栩栩如生，其中有很多你还认识呢！咱们来做个游戏吧。请你根据描述找到对应的人物，并连一连。

他穿着蓝色长袍，头微低，脸微侧，双手持笏（hù），似有要事启奏，他就是哪吒的师傅——太乙真人。

头戴道冠，身着绿袍，手持与乐器串铃相似的八连鼓，他就是雷公。

他有两个脑袋，四条手臂，面容狰狞，像野猪一样鼻孔上翻，龇着獠牙。他就是天蓬元帅，立即和《西游记》中的猪八戒联系起来了。

一位老者手执笏，胡须飘飘，六只眼睛分三层重叠在鼻翼两侧。是的，你没有眼花，的确是三双眼睛！他就是传说中造字的仓颉（jié）。

他的身份尚未确定，被一些人认为是孔子，长髯（rán）飘飘，神情平和。

她头戴花冠，攒（cuán）眉而视，是整个三清殿壁画中唯一戴耳饰的女性，她就是电母。

*连线结果参考第 59 页

老山指津：

永乐宫不仅以壁画称奇，还以元代建筑、道教文化闻名于世，20世纪50年代的搬迁工程更为文物保护提供了教科书式的典范。读万卷书，更要行万里路，同学们有机会一定要亲自来永乐宫感受它的魅力！

小西： 爷爷，这壁画实在太有趣啦，永乐宫真是一个大宝藏！

老山： 那是，永乐宫是咱山西响当当的宝藏！

它的画风传承自唐宋

老山： 永乐宫壁画不仅人物传神，而且线条的运用极富层次感。永乐宫还是美术爱好者的临摹、速写圣地呢！

小西： 哇！那我有眼福啦！

老山： 壁画采用了画圣吴道子的“莼菜条”线条绘画手法，使得画中神仙服饰的线条流畅而灵动。你瞧，永乐宫壁画确实给人衣袂飘飘的感觉，这都是因为“莼菜条”绘画手法的应用。你再仔细看，整个壁画还在冠带、衣襟等处沥粉贴金，传承了唐宋壁画风格，这在元代画坛上可是独树一帜哦！

小贴士：

莼菜是一种植物，“莼菜条”就是形容吴道子波折起伏、错落有致的描法。用此法所画人物、衣袖、飘带，具有迎风起舞的动态美，故有“吴带当风”之称。

朝元图

小西： 爷爷，这壁画值得研究学习的地方太多了，不仅色彩丰富、人物生动，而且连细微部分都画得十分精致华美。这样经典的艺术品，我能画出来吗？

老山： 相信自己，咱们在泥皮画板上体验一下壁画绘画艺术！

泥皮画上绘“永乐”

小西： 爷爷，我们都是小学生，绘画并不专业，能画泥皮画吗？

老山： 别急，我们可以临摹体验省级非遗——泥皮画。

小西： 爷爷，临摹时我都屏住呼吸呢，真怕手一抖线条就断了、歪了。这仅仅是画一幅小小的泥皮画，想想工匠们站在架子上要画满墙的壁画，画三四米长的线条，真不容易啊！您快看看我画得怎么样？

小贴士：

泥皮画以泥为主材料，并与麦秆、麻绳等辅助材料充分搅拌后在硬板上完成绘画，是古代工匠对壁画、岩画等不可移动艺术品复制或再创造的尝试。

老山： 嗯，小西画得真不错！这次体验了非遗文化，为你点赞！

如何保存绘好的“永乐”

老山： 小西，你认为泥皮画应该如何保存呢？你有什么好办法？

小西： 可以把它放在玻璃框里，避免灰尘。

另外，欣赏壁画是在昏暗的大殿里，拒绝拍照，说明壁画一定不喜欢光线。泥皮画也应该避免阳光直射，保持颜色鲜亮。

此外，壁画保存需注意温度和湿度。若太干，壁画会裂开；若渗水，壁画会霉变毁坏。而且，我们更不能伸手触摸壁画，做一个文明的参观者。

因此，泥皮画的保护应该参考壁画。

老山： 小西说得真好！你可以帮永乐宫壁画博物馆设计文明参观的标识吗？我们一起试一试，争做文化的传承者！

拆盲盒吧——太多惊喜了

盲盒一：永乐宫如何逃过日本侵略者的魔爪？

永乐宫有700多年的历史，到了近代，永乐宫渐渐被人们遗忘，建筑破败，毁损严重。后来，村里把这些殿宇改为学堂，可是孩子们看着满墙的神仙壁画有点害怕，便在四壁前加砌了一堵墙，把壁画遮挡了起来。这样做并非出于保护，甚至还会对壁画造成破坏。塞翁失马，焉知非福。日本侵略军在这里7年，却没有发现壁画，使得这些珍贵的文物躲过了一劫。

盲盒二：整体搬迁永乐宫，是给它安装滑轨吗？

中华人民共和国成立后兴建三门峡水利工程，经测算，永乐宫处于蓄水淹没区。为了保护国宝，从1959年起开展了整体搬迁工程。但整体搬迁绝不是安装滑轨，像推玩具车一样整体推走。那该怎样搬迁呢？先把壁画排序，切割成小块装箱运走，再拆卸殿宇构架。其间克服了许多常人无法想象的困难，终于将永乐宫大部分建筑迁移到了芮城县北龙泉村附近，并恢复了建筑群原有的布局，连附属的清代吕公祠和一座孝子石牌坊也一同搬过来了。

永乐宫内1000平方米的壁画迁移，成为我国文物迁移史上的奇迹。

展示吧——收获真不少

小西： 爷爷，这次穿越时空之旅不仅让我长见识、增智识，还收获了小小的艺术作品。您觉得我该如何向小伙伴展示呢？

老山： 我倒有几个提议，你选一个喜欢的方式吧。

- 介绍你的泥皮画作品
- 讲讲与永乐宫有关的逸闻趣事
- 展示你的参观提示
- 用思维导图画画你的收获

小西： 爷爷，这次研学的收获实在是太大啦，咱们的家乡真有文化底蕴！

扫码获取
☑听·晋地风华
☑观·溯源影像
☑阅·系列好书

寻访永祚寺

太原双塔·永祚寺： 三晋名刹永祚寺建有国内现存古代砖塔成双组合实例中形制最完善、规模最大、塔身最高的宣文双塔，充分显示了我国明代中叶砖塔建筑的高超技艺，是山西省会太原的地标建筑。

穿越吧——我们去哪儿

老山： 小西，请你猜猜看今天我们要打卡的地方是哪里？这里被誉为“晋阳奇观”，是太原市现存最高的古建筑。

小西： 爷爷，今天我们要打卡的地方是太原人熟悉的永祚寺吗？

老山： 对，我们就是要到永祚寺登双塔、赏古建、品墨宝，从多方面了解永祚寺的历史。

小西： 太期待啦！那我们赶紧出发吧！

永祚寺大门

文化名片

永祚寺，俗称双塔寺，位于山西省太原市迎泽区郝庄村，始建于明万历年间。永祚寺坐南朝北，由寺院、塔院、碑廊院组成，大部分建筑为明代建筑。永祚寺内的双塔，又名凌霄双塔，一个是先建的“文峰塔”，另一个是后建的“舍利塔”。双塔巍峨俊秀，是我国双塔之最。2006年5月25日，被中华人民共和国国务院公布为第六批全国重点文物保护单位。

挑战吧——我们来了

寻访永祚寺

- 导览我设计
- 双塔我手绘
- 墨宝我临帖
- 故事我讲述

导览我设计

小西： 爷爷，我作为这次研学的小主人，如何将自己的研学经历更好地记录下来呢？

老山： 小西，不妨制作一本属于自己的永祚寺研学手账，让更多的人通过你的手账走进永祚寺，了解永祚寺。

小西： 制作研学手账，太有意思了！我已经准备好了！

老山： 别急，小西。我们先根据永祚寺的导览图选择入口，作为出发的起点，并在手账本上设计出永祚寺的简易导览图。

小贴士：

手账是集日程安排、简略日记、相关百科知识于一身的手册，制作研学手账的意义是记录研学中的点点滴滴。

小贴士：

导览图是景区的一种引导标识，标明了重要景点。看导览图，一要分清方向，二要按照导览图的指引到达指定位置。

我来设计永祚寺导览图

双塔我手绘

老山： 小西，接下来就按照我们设计的导览图出发吧！从入口进入永祚寺，现在我们位于寺院的中轴线上，我手指的东南方向是永祚寺地势最高的地方。

小西： 我看到双塔啦！它们简直就是一对孪生子！

老山： 小西，“双塔”并不是寺院的名称，但人们总习惯称其为“双塔寺”，而忘了它真正的名称。双塔寺本名为“永明寺”，后来改为“永祚寺”。

小西： 那双塔最早的修建者是谁呢？

老山： 我们眼前的这座东塔叫文峰塔，是1599年傅霖带领儿子傅之谟积极募集资金、选址策划、组织施工队兴建的，当时还依塔兴建了这些殿堂，将其命名“永明寺”。

小西： 这么高的砖塔，建造时没有用一钉一木，古人真是太了不起了！那它旁边的这座塔又是什么时候建造的呢？

老山： 第十一代晋王朱敏淳到永明寺后，认为过于简陋，决定邀请五台山的妙峰法师主持扩建永明寺。妙峰法师修建过许多寺庙、佛塔，他来到太原，发现文峰塔已向西北

小贴士：

永祚，出自《诗经·大雅·既醉》“君子万年，永锡祚胤”一句。“永锡祚胤”，就是期望双塔永远赐福后代，这是建造双塔的美好心愿。

小贴士：

傅霖，是明清之际思想家、医学家、书画家傅山的祖父，傅之谟是傅山的父亲。

倾斜，建议在文峰塔西侧另建新塔，并命名为“舍利塔”。

小西： 爷爷，这两座塔看起来几乎相同。

老山： 远看两塔相似，近看差别可不小。小西，给你几个任务，并

选择材料阅读。

小西：好的，爷爷！

◎介绍文峰塔或舍利塔时，你会选择哪些内容来讲解？可以在手账本上以思维导图的形式罗列出来。

◎梳理两座塔的异同，可以把其中1—2处不同点以绘画或文字的形式呈现在手账本上。

◎你可以把其中的一座塔或双塔画在手账本上，为家人做讲解。

小贴士：

据说，文峰塔的塔身向西北微微倾斜，是因为太原多西北风，为减弱狂风对塔体的吹力，故意倾斜。

材料一

文峰塔为八角形，全塔总高54.76米，没有基座，是典型的楼阁式空心砖塔。底层仅开一门，塔檐也不用琉璃瓦装饰，塔身基本直上直下，用一色青砖研磨对缝砌成，没有明显收分，十分美观！

材料二

舍利塔塔身高54.78米，收分明显，有砂石条砌筑的八角形底座。塔身上下直径相差很大，由下而上呈规律性递减。随着塔身的拔高，每层高度逐渐降低，斗拱形制也随之变小，整个塔身轮廓造型呈弧状流线型。舍利塔的底层开辟两门，一为东南方向，一为西北方向。

墨宝我临帖

老山： 顺着我们设计的导览图，现在来到一座院子——碑廊院，30多米长的碑廊里荟萃了清以前各代书法名家的墨迹，真可谓草隶篆俱全。

小西： 我知道，《宝贤堂集古法帖》就在这里。它是朱奇源奉其父晋庄王朱钟铉之命，并以书斋名“宝贤堂”为帖名集刻的石刻丛帖，收录了王羲之、米芾等一百多位书法家的作品。

老山： 每一幅作品都精妙绝伦！在碑廊中，更引人注目的是苏轼《念奴娇·赤壁怀古》石刻。据说苏轼《念奴娇·赤壁怀古》石刻全国仅存两处，一处在湖北黄州，另一处就在永祚寺。

小西： 这里真是欣赏书法艺术的绝佳之地啊！我要寻找几块碑石、匾额拍照，将它们呈现在我的手账里，并试着临帖。

临帖墨宝

故事我讲述

老山：永祚寺不仅充满艺术的墨香，还经历过战争的洗礼呢！这里曾经历过一场艰苦卓绝的战争——太原战役。当时，地势较高的永祚寺成为攻克太原城的关键，1949年4月20日，中国人民解放军对太原发起总攻，成功打开解放太原的门户。经历了战火的洗礼，舍利塔中弹，成了一座危塔。

永祚寺双塔

小西：原来永祚寺见证了太原的解放，见证了太原400余年的历史变迁。

老山：是啊！1954年，为了缅怀解放太原的革命烈士，在双塔寺南侧修建了双塔烈士陵园。80年代，在古建专家的指导下，对舍利塔进行了加固维修，塔上的斗拱、飞檐、枋、椽、柱（垂柱），依照旧样全用新砖作旧，精工打磨。历时三年，双塔恢复了最初的雄姿。

小西：爷爷，我知道为什么双塔会成为太原的标志性建筑啦！我想把双塔的故事讲给更多的人听。

---

* 第 44 页连线活动答案：

按图片顺序，依次为仓颉、电母、孔子、雷公、太乙真人、天蓬元帅。

拆盲盒吧——太多惊喜了

盲盒一：太原市的市徽里藏着什么？

双塔是太原市的城市标志，1985年太原市正式公布了市徽，这是我国的第一枚市徽。图案由双塔、“并”字、煤层和火焰构成，象征着太原市是一座历史悠久、煤炭资源丰富的能源重化工基地的中心城市，表现出现代化建设蒸蒸日上的新气象。

仔细观察太原市市徽，你还有哪些不一样的发现？记得把你的发现及时记录到手账本上哦！

盲盒二：文峰塔能纠“正”吗？

1989年，文峰塔塔身已偏离2.82米。1995年，太原市聘请纠偏专家曹时中，对文峰塔进行纠偏。纠偏采取沉井的办法，共挖9个直径2米、深6米的圆井，一边挖，一边浇筑钢筋混凝土衬砌。然后，在井壁上设置掏土孔，根据倾斜程度、方向及安全纠偏率，分阶段掏土，迫使沉降较少的塔基部位下沉，每一阶段的迫降值和掏土量都经过严格计算，待沉降稳定后，再进行下一阶段的掏土。纠偏工程历时两年，于1997年完工。

盲盒三 ：永祚寺里，我国唯一现存最古老的寺院牡丹叫什么？

永祚寺最负盛名的牡丹当数种植于大雄宝殿前的7株明代牡丹——紫霞仙，至今已有400多年的历史，是我国唯一现存最古老的寺院牡丹。因其年代久远，品种稀少，吸引了无数游客。它们的花期长，花径如盘，是牡丹花中的极品。因盛开时为紫色，故称其为“紫霞仙”。

展示吧——收获真不少

小西： 爷爷，我们这次的研学收获太大了，不仅学会了做手账，在游览中近距离感受永祚寺的独特魅力，还得到了精神上的鼓舞和思想上的启发。

老山： 接下来，你可以继续完善自己的研学手账，为研学手账制作封面，并写上作者名字。你还可以借助研学手账中的导览图带着家人游览永祚寺，将它的故事分享给家人。

“数”说平型关

平型关大捷：是中国共产党领导的八路军对日作战的第一场胜利，也是全民族抗战爆发后中国军队主动对日作战的重大胜利，粉碎了日军“不可战胜”的神话，激发了全民族抗战的信心与决心。

穿越吧——我们去哪儿

小西： 爷爷，我们今天要去哪儿呀？

老山： 今天爷爷带你去一个特别有意义的地方。在这里，八路军对日首战告捷，振奋了全国的民心士气，壮大了中国共产党和八路军的声威。

老山： 小西，猜到是哪儿了吗？

小西： 我知道了，是平型关大捷遗址！

老山： 真厉害，快在地图上插上你的图标吧！小西，平型关战役有“两个第一”，你想知道这“两个第一”的重要意义吗？

小西： 当然想知道了，那我们赶紧出发吧！

老山： 好！今天的平型关之行，我们用数字讲述平型关大捷！

平型关

文化名片

平型关大捷遗址位于大同市灵丘县城西南30千米的乔沟、关沟一带，是全国重点文物保护单位、全国爱国主义教育示范基地。2016年12月，平型关大捷遗址入选《全国红色旅游景点景区名录》。平型关大捷遗址包括平型关大捷纪念馆、纪念碑、将帅广场、主战场乔沟、老爷庙和115师指挥所等13个景点。

挑战吧——我们来了

“数”说平型关

- “数”说作战背景
- “数”说作战实况
- “数”说获胜意义

“数”说作战背景

小西： 爷爷，咱们不是要去平型关大捷遗址吗？怎么外面全是枪炮声，这是哪里呀？

老山： 小西，我启动了穿越现场模式，时空机带着我们穿越到了战场。快坐好，会有持续的颠簸。

小西： 时空机仪表显示现在是1931年。

老山： 是的，小西。我们回到了1931年9月18日，日本侵略者悍然发动九一八事变，之后侵占了我国整个东北。

小西： 整个东北？太让人气愤了！

老山： 是呀，但他们还不满足，一路向南制造事端，挑起战争。现在，我们即将穿越到1937年。快看，前面就是卢沟桥了！1937年7月7日，日本在北平，也就是我们现在的首都北京发动了卢沟桥事变，中国全民族抗战开始。紧接着，北平、天津相继沦陷。8月13日，淞沪会战爆发。

小西： 东北？北京？天津？上海？爷爷，我看不下去了，日本人怎么能在我们国家的土地上如此横行！

老山： 是呀小西，那个时候咱们国家还不够强大。

小西： 虽然那时候中日两国国力悬殊，但也不能让他们继续侵占咱们的国土呀！

老山： 你真是个热爱祖国的好孩子。快看，战火已经烧到咱们家门口了。1937年9月20日，日军第五师团一部侵占灵丘。9月21日，日军向平型关一线进犯，企图突破平型关防线，与雁门关以北的日军会合攻占太原，进而占领山西全省，并扬言“一个月占领山西，三个月占领全中国”。

小西： 爷爷，我实在是忍无可忍了，日军也太猖狂了！

老山： 是呀，日军这样猖狂，都是因为全面抗战以来中日双方力量悬殊，我军连连失利。

“数”说作战实况

老山： 小西，前面就到平型关了。那不是我军115师的指挥所吗？我们停下，去看看他们如何部署作战。

小西： 爷爷，那我们快点走。

老山： 小西快看，他们正在研究平型关的地形呢！

小西： 爷爷，平型关的地理位置如此特殊，可谓“一夫当关万夫莫开”，日军进攻平型关，不是自投罗网吗？

老山： 嘘！我们先看看他们怎样部署。

小贴士：

平型关东通河北，西接雁门，地势险要。平型岭峡谷为东北西南走向，状如瓶形，平型关又像瓶盖虎踞于瓶口，为晋北交通要冲。

115师利用平型关险要地形，确定乔沟为伏击主战场，提前布防3个团的兵力形成一个“口袋”，其中685团负责消灭关沟、老爷庙一带的敌人，686团负责消灭老爷庙至蔡家峪一线之敌，任务是围歼进入沟内之敌。687团专打敌人的后续部队，将敌军放入口袋后，即刻穿过乔沟，占领东河南镇以北的高地，并扎紧袋口，切断敌人退路。

115师3个团严防死守，准备把敌人牢牢地控制在深沟里。

小西： 115师部署的“口袋战”真是天衣无缝！

老山： 小西，可不能轻敌，敌方是日本精锐的板垣师团。

小西： 爷爷，您别长他人志气呀！听，战斗就要打响了，我们快去看一看吧！爷爷快看！

1937年9月25日，战斗打响了！

八路军第115师第343旅第685团第2营5连，在平型关战役中，5连奉命在最前沿进行伏击，弹药打光了，就装上刺刀同鬼子肉搏。有“猛子”之称的连长曾宪生冲在最前面，接连刺死十几个鬼子后体力不支，与敌人同归于尽。5连在战斗中击毙敌人上百人，烧毁敌军汽车20余辆。

老山： 小西，小西，战斗结束了！这场战役从25日7时一直战至13时，真是太激烈了！

小西： 爷爷，快看看最后的结果。

老山： 经过一天的浴血奋战，一举歼灭日军1000多人，击毁汽车100余辆，缴获大批武器和军用品。

小西： 真是太好了！

平型关雪景

“数”说获胜意义

老山：在全民族抗战爆发以来，八路军对日首战告捷，沉重打击了侵华日军的气焰，振奋了全国的民心士气，壮大了中国共产党和八路军的声威。“首战平型关，威名天下扬”，这场战役也被写进了《八路军军歌》。

小西：爷爷，现在我明白“两个第一”的真正含义了，的确是意义重大，值得我们永远铭记。爷爷，我们赶紧回去吧，到平型关大捷遗址看看，给大家讲一讲我们看到的场面。

小贴士：

平型关大捷纪念馆前的将帅广场上塑有主要参战将领：聂荣臻、陈光、徐海东、肖华、杨得志、李天佑、张绍东、陈锦秀、杨成武等。

老山：好的小西，让我们一起回到2025年。小西快看，平型关大捷纪念馆到了，它建于1970年，由序厅、3个独立单元的主展厅和半景画馆组成。

小西：这一路我记录了太多的数字，我得好好梳理一下，了解这些数字背后的意义。

拆盲盒吧——太多惊喜了

盲盒一：平型关大捷纪念碑上的数字有哪些寓意？

平型关大捷纪念碑上三组数字各有寓意：纪念碑碑基高1.15米，意喻参战部队八路军第115师；碑座高1.937米，碑体高9.25米，表示平型关大捷发生的时间为1937年9月25 日。

盲盒二：你知道“平型关大战突击连”吗？

“平型关大战突击连”指的是八路军第115师第343旅第685团第2营5连，该连是平型关大战中唯一一个被授予“平型关大战突击连”荣誉称号的连队。

2015年9月3日，平型关大战突击连参加纪念中国人民抗日战争暨世界反法西斯战争胜利70周年阅兵式，是10个英模部队方队之一，徒步接受检阅。

展示吧——收获真不少

老山： 小西，今天的平型关之旅就要结束了。在纪念碑前，你最想说什么？可以给小伙伴们分享一下吗？

小西： 平型关战役值得我们永远铭记！关于这场战役，有很多数字也值得我们铭记。

老山： 对！今天搜集到的每一个数字，背后都有特殊的意义，你可以分享给小伙伴们，让更多的人知道平型关大捷的意义！

小西： 好的，且看我的展示吧！

大美右玉

右玉精神：中华人民共和国成立以来，历任县委书记“一张蓝图绘到底”，带领全县人民坚持植树造林70余载，在风沙肆虐的不毛之地上书写了塞上绿洲的传奇，体现了人民至上的初心使命，艰苦奋斗的品格力量，久久为功、利在长远的政绩观。

穿越吧——我们去哪儿

老山： 小西，给你一则小材料，猜猜看今天我们要去哪里。

这里的春天山花烂漫，杨柳依依；

这里的夏天绿意森森，小溪淙淙；

这里的秋天漫山红叶，层林尽染；

这里的冬天炉火温暖，羊肉鲜嫩。

小西： 爷爷，我一下就猜出来了，是右玉！

老山： 小西真棒！对，就是右玉！快在地图上插上图标！过去的右玉“一年一场风，从春刮到冬”“白天点油灯，黑夜土堵门”。狂风肆虐、黄沙漫天是常事。如今，右玉发生了天翻地覆的变化。今天我们不仅要走进右玉，见证它的多彩，还要走进千家万户，聆听一代代右玉人治理荒沙的动人故事！小西，带好装备，准备出发。右玉，我们来了！

治沙植树

文化名片

右玉位于山西省西北部、外长城内侧，处于毛乌素沙漠边缘，邻接内蒙古自治区。70多年前，这里“十山九秃头”，林木绿化率不到0.3%。70多年来，一任接一任的右玉县委书记带领全县人民植树造林，将“不毛之地”建设成“塞上绿洲”，铸就了“右玉精神”丰碑。

小贴士：

毛乌素沙漠位于内蒙古自治区南部，邻接陕西省，属鄂尔多斯市。毛乌素沙漠在古代原本是水草丰美的草原，后来由于长期过度放牧和不当垦殖，形成了沙漠。

挑战吧——我们来了

大美右玉

- 聆听右玉的昨天
- 见证右玉的今天
- 畅想右玉的明天

聆听右玉的昨天
——寻找右玉底色

老山： 右玉自古以来是中原农耕文明和北方游牧文明的融汇地，特殊的地理位置使得右玉生态环境破坏多、建设少，土地贫瘠，树苗成活率低。曾有专家将右玉列入“最不适宜人类生存的地区”。

小西，想要寻找右玉的底色，需要走进右玉精神展览馆，了解它的历史。

小西： 爷爷，我找到右玉的底色了——土黄色，也可能是暗灰色，毫无生机。

老山： 多年来，右玉的确被黄沙威胁，但是，右玉的底色究竟是不

是你选择的颜色，还需要进一步验证。坚强执着的右玉人没有放弃祖辈留下的家园，中华人民共和国成立后，右玉人民在历任县委书记的带领下，七十年如一日，以“换届不换方向，换人不换精神，一任接着一任干，一张蓝图绘到底”的意志，在家乡的土地上绘制蓝图。我们现在就走进右玉，聆听他们的故事。听完故事后，再来选择右玉的底色。

曾经右玉荒凉的沙地

故事一：绿色接力第一棒

1949年，右玉首任县委书记张荣怀上任第二天就带上水壶，开始在全县徒步考察，他走了整整4个月，走遍了大大小小300多个村庄。

终于，在一个长满“小老杨”的偏僻山沟，张荣怀发现因为有树的庇护，这里的土豆、莜麦等作物的产量，要比其他地方高出好几倍。

他立刻提出植树造林、防风固沙，改善右玉生存环境是第一任务。张荣怀带领全县干部群众培育大片林2.4万多亩、零星树5万多株，用事实证明在右玉是可以种活树的，他跑出了右玉绿色接力的第一棒。

从此，一把铁锹便成了历任右玉县领导的绿色接力棒，右玉每个单位办公室门后都放着一把铁锹，每一个机关干部都曾是右玉的种树人。

小贴士：

“小老杨”是南京小叶杨，在南方水肥充足的地方可以长成参天大树。在右玉却仅有碗口粗，也很难长高，当地人称它为“小老杨”。它表现出异常顽强的生命力，是右玉最初植树造林时唯一成活的树种。

故事二：三战黄沙洼

在右玉老城，有一座长20千米、宽4千米的流动沙丘，叫黄沙洼。这里是打响右玉植树造林堵风口第一仗的地方。1956年，右玉人第一次向黄沙洼宣战。上千名干部群众挑起水桶，扛着铁锹在黄沙洼奋战。9万多棵树，眼瞅着就要绿起来了，然而，黄沙洼是个大风口，1957年一场八级大风呼啸而至，刮了整整9天9夜。大家听着风敲打着窗户，非常揪心。风停后，大家赶到黄沙洼，都傻了眼。放眼望去，遍地是干枯的树苗，有的被风刮得裸露着树根，有的连树梢一起埋在了沙子里。当时大人在哭，孩子也在哭，黄沙洼上哭声一片。不服输的右玉人用了整整8年时间，先后展开三次大会战，终于把树“钉”在了黄沙洼，把这片沙丘变成了绿树岗，实现绿荫锁黄龙。

小西： 爷爷，我真佩服右玉人，他们用自己的行动彻底改变了右玉，我认为右玉的底色一定是绿色！

老山： 小西真有设计师的潜质！80平方千米的黄沙洼终于变成了绿树岗！更可贵的是他们70年的持之以恒，终于使右玉一点一点地变绿了。小西，你能用画笔在右玉版图上布满绿色吗？发挥你的想象，将“塞上绿洲”呈现在你设计的右玉蓝图里。边绘画，边思考你为什么要这样画。

小西： 我明白了，这就是真正的“一张蓝图绘到底”。

老山： 曾经最稀缺的绿色，如今成了这里最厚重的底色。70多年来，右玉全县干部群众累计种下约1.3亿棵树。如果按照1米的株距排开，可以绕地球三周多。

见证右玉的今天
——叠加右玉色彩

老山： 勤劳智慧的右玉人民不仅植树造林，治理风沙，还创建了多姿多彩的大美右玉。小西，咱们一起找找右玉绚丽的色彩吧。先来一起读一读右玉人民的治沙秘诀！

20世纪50年代，“哪里能栽哪里栽，先让局部绿起来”；
20世纪60年代，“哪里有风哪里栽，先把风沙锁起来”；
20世纪70年代，“哪里有空哪里栽，再把窟窿补起来”；
20世纪80年代，“适地适树合理栽，再把三松引进来”；
20世纪90年代，“退耕还林连片栽，绿色屏障建起来”；
21世纪以来，“乔灌混交立体栽，山川遍地亮起来”。

小西： 哇！这么多年的防风治沙才使得右玉绿起来，真是太不容易了！

老山： 是啊，如今的右玉，天空碧蓝，云朵雪白，芳草随处可见。视野内满目青翠，平地是绿的，山坡也是绿的。河水清澈，倒映着蓝

如今绿色的右玉

天、白云、远山、绿树。

小西，你一定会被壮美的绿色景象震撼，一座座梯田层层叠叠，高低起伏，那深浅相间的褶皱犹如一件件彩色披风，随风招展。植树造林让山河“变色”，修造梯田让土地“变形”。大美右玉，是人民的力量和智慧的结晶。

走进海子湾水库，让人恍惚是在蒙古草原，又恰似在江南水乡。近处，水波荡漾，鱼儿游嬉；远处，群山环绕，绿树披纱，横跨的大桥宛如一道长虹。和海子湾水库相比，似乎江南水乡还缺点蒙古风情的豪放，而蒙古草原又少了江南水乡的灵秀。

小西，我们都知道绿是右玉的底色，其实，红也是其一大特色。秋高气爽时，在右玉高家堡乡的红草滩，有这样一片火海，红得热烈，红得奔放。明艳了大地，惊艳了游客，是塞上绿洲的又一道亮丽的风景，是右玉秋色里浓墨重彩的一笔。

随处可以看到一抹抹惊艳的红，簇簇沙棘成为最亮丽的风景线，眩了心，美了目。像多彩的珍珠挂满了树枝，耀眼而心醉；剪一枝尝尝，酸甜而可口，给右玉的绿增加了别样风情。

小西： 爷爷，您的介绍让绿色右玉变成多彩右玉啦！我绘制的右玉版图也应是多彩的，期待我的大美右玉吧！

右玉风光

畅想右玉的明天
——点亮右玉未来

老山： 如今的右玉正以独特的资源禀赋展现出新的风貌。画到此时，小西，你读懂右玉了吗？

小西： 爷爷，我读懂了，右玉精神就是认定了正确的事就要坚持不懈，迎难而上，终会成功。我们在学习和生活中也要学习右玉精神，一路前进！

老山： 说得太对了！小西做事有这样的态度，一定前途无量！你会用什么方式畅想右玉的未来呢？给你两个建议：第一，做右玉的小粉丝，送上对右玉的真诚祝福；第二，关注右玉的发展动向，了解右玉未来十年的新规划。

老山指津：

习近平总书记对右玉精神作了高度概括："右玉精神体现的是全心全意为人民服务，是迎难而上、艰苦奋斗，是久久为功、利在长远。"

右玉人民用实际行动完美诠释了右玉精神的实质，他们创造了右玉的昨天、今天，也在规划着右玉美好的未来。

70多年的绿色接力，改善了自然环境，为右玉发展生态文旅提供了"美丽"资本，由"美丽"资本吸引来的一个个文旅项目带动了右玉百姓致富。

右玉未来将不仅是旅游胜地、康养福地和投资洼地，更是一片精神高地。

拆盲盒吧——太多惊喜了

盲盒一：长城也有编码吗？

全国的长城没有统一编码，但是“三十二长城”名字的由来和数字有关联。作为山西最美的土长城，三十二长城位于山西省右玉县右卫镇西南的桦林山上，因长城边上的三十二村得名，三十二村又得名于明长城从杀虎口进入右玉境内的第三十二个烽火台。这里地势险峻，自古为中原门户，是兵家必争之地。

长城爬到桦林山下时，呈“之”字形分布，每个节点上都有敌台的分布，有如屹立不倒的将士，错落有致，蔚为壮观。因此，三十二长城是山西明长城遗址中的一个绝佳观赏点。

杀虎口

盲盒二：听说过“山无头，水倒流”的奇观吗？

“山无头，水倒流”被人们称为右玉县的两大奇观。水倒流，指的是右玉地势南高北低、四面环山，苍头河纵贯南北，苍头河的滔滔河水，不像其他河流那样向东流或南流，而是向北流，流经内蒙古入洪河，又转向南入黄河。苍头河独特的流向，使其名声大振。

苍头河河水沿着虎山线向北行进，两岸的山峰像丘陵一样，没有明显挺拔的山尖，人称“山无头”。而今，右玉的“山无头”已被座座风车取代，别具特色。

盲盒三：山西最有文化的古堡在哪儿呢？

右玉被誉为“中国古堡之乡”，那一座座黄色古城堡中，最有文化的当属威远古堡。当年，多名饱学儒士被贬于此，守将没有让他们戍边，而是命他们负责威远卫学，使得威远卫学竟超过右玉卫学，吸引附近将士、富绅，甚至大同府的子弟也来学习。

展示吧——收获真不少

老山： 小西，本次右玉之行你一定收获满满吧？

小西： 感谢爷爷的陪伴，我不仅读懂了右玉故事，选好了右玉色彩，描绘了右玉蓝图，还真正爱上了淳朴善良、坚持不懈的右玉人民。所以，今天的任务我来设计！

- 我是右玉宣讲员，讲好右玉故事。
- 我是右玉设计师，绘一幅右玉蓝图。
- 我是右玉推广师，宣传右玉的绿色产品。
- 我是右玉发现者，开创右玉智能新方向。

扫码获取
☑听·晋地风华
☑观·溯源影像
☑阅·系列好书

揭秘“天下第一醋”

山西老陈醋：中国国家地理标志产品，素有“天下第一醋”之美誉。三晋饮食文化中最具识别性的品牌，“山西味道”的生动代言。因其对酿造业和醋文化的特殊贡献以及三晋父老对其的热爱，“老醯儿”成为人们对山西人的独特指称。

穿越吧——我们去哪儿

老山： 开饭喽，大鱼大肉不如这一碗面！世界面食看中国，中国面食看山西。别着急，吃面、吃饺子可不能少了灵魂调味品——山西老陈醋！民以食为天，百味盐为王，五味醋当先。

小西： 开吃喽，爽滑筋道的刀削面配上咱山西老陈醋，真是舌尖上的美味！爷爷，我知道醋不仅是调味品，它的用处还多着呢！

老山： 你知道的还真不少！确实，山西人的日常不能没有醋，人们常说，“家有二两醋，不用去药铺”“宁可丢了饭担子，不敢扔了醋罐子”“缴枪不缴醋葫芦”。

小西： 说明山西老陈醋有独特的魅力，您一定知道酿醋的不少秘诀吧？

老山： 说起这秘诀还真不少，山西老陈醋历史悠久，酿造技术相当讲究，被誉为“天下第一醋”，听我慢慢道来。

小西： 姜还是老的辣，醋还是陈的香！爷爷真厉害！

老山： 我可是地道的山西“老醯儿”！赶快吃面，吃完爷爷带你去醋园转转。

文化名片

山西老陈醋，色泽为深褐色或红棕色，具有“绵、酸、香、甜、鲜”的独特风格，是中国国家地理标志产品。作为中国四大名醋之首，素有“天下第一醋”的盛誉。一个“老”字，说的是历史；一个“陈”字，说的是工艺。在吃法上，也是推陈出新。

山西老陈醋是中华民族饮食文化的精粹，也是人们生活智慧的结晶，其独特精湛的酿制技艺，代代相传，成为中国非物质文化遗产中的一颗璀璨明珠，是山西行走的“活”名片。

中国酿造食醋的历史有三千年以上，影响了周边很多国家。中国的醋种类多，其中山西老陈醋、江苏镇江香醋、四川阆中保宁醋、福建永春老醋被称为“中国四大名醋”。

挑战吧——我们来了

历史渊源

老醯儿： 你们好，我是老醯（xī）儿，酿醋师傅的化身，来自3000多年前的西周。2023年首次在国际食醋产业链博览会亮相，为山西老陈醋代言。

小西： 爷爷，在醋园门口迎接咱们的是谁？

老山： 这不是老醯儿吗？今天跟着他准没错！

老醯儿： 欢迎来到老醯儿的醋园，第一站先来听我讲讲山西老陈醋的由来。

我国酿醋的历史可追溯到西周，但这味道独特的老陈醋得从清初顺治年间说起。山西介休人王来福在清徐县城开了美和居醋坊，在继承父辈酿醋经验的基础上，经过几年的摸索，制出了又酸、又香、又绵的茄子黑色的陈醋。有一年，一位钦差大臣路过清徐，县太爷请他吃山西的刀削面，调味用的恰好是王来福做的陈醋。钦差吃后，连连夸好。于是，县太爷就赠送给钦差十篓王来福做的老陈醋。回京后，钦差把王来福做的老陈醋献予顺治皇帝。顺治皇帝连夸好醋，写下“山西老陈醋”五个大字，并赐旗杆高悬“山西老陈醋”御笔大旗。

小贴士：

清朝宫廷膳房负责承办宫廷饮宴和日常饮食。清宫饮食制度严格，不仅有专门的厨师和膳房，还有一套膳食制度。筵宴饮食的品种和类别，依进宴人的身份地位而有所区别。

小西： 原来山西老陈醋因此得名啊！

老醯儿： 后来，顺治皇帝命王来福进京，专为膳房酿醋。王来福恳请皇上：“醋绝有三个原因——水质、原料和工艺，山西的水最适合酿醋，最好回清徐专为皇上酿醋。”顺治皇帝封王来福为九品宫膳作师，并允许他回山西酿醋。在山西能酿造出独特的老陈醋也绝非偶然，一方水土养育一方人。

小西： 哦，看来酿醋有许多讲究，山西老陈醋就得在山西酿啊！

老山指津：

山西老陈醋名扬天下的原因

一是水源优质： 酿醋先要有好水。山西地处黄土高原，地下水资源丰富，水质清澈甘甜，为酿醋提供了得天独厚的条件。优质的水源使得山西老陈醋的味道具有口感醇厚、滋味柔和、酸甜适口、回味绵长的特点。

二是精选原料： 山西老陈醋以优质的高粱、大麦、豌豆等为主要原料，这些粮食在山西肥沃的土地上生长，富含丰富的淀粉和蛋白质，为醋的酿造提供了优质的原料基础。

三是工艺独特： 山西老陈醋采用独特的固态发酵工艺，这种工艺能够最大限度地保留原料中的营养成分和风味物质，使醋的味道更加醇厚，回味悠长。

酿造工艺

老醯儿： 了解了山西老陈醋的历史渊源，我猜你现在一定很好奇它的酿造工艺吧？第二站，就带你来揭秘酿醋的5道工艺82道工序！

小西： 原来一口醋要经过这么多步骤酿制，我曾学过《千人糕》，这应该叫“千人醋”了！

老山： 在过去，哪怕是普通百姓，会酿醋、善酿醋的山西人也不在少数。

蒸：将老陈醋专用原料高粱粉碎成瓣，将原料磨成粉末后蒸煮。

酵：蒸熟的原料拌上大曲，放入陶缸发酵，其间需不断进行人工翻醅，保证所有原料充分接触氧气。

熏：在特制的熏醅炉中用文火熏制发酵后的原料，直到产生焦香。熏醅可使醋色深味香，还可抑制细菌生长。

淋：用高温泡淋醋醅，使醋醅中的醋酸、营养成分、香气和色泽全部泡出。所淋出的醋称为原醋，是老陈醋的半成品。

陈：将原醋装缸放在院内，经过夏季曝晒蒸去大量水分，提高醋的浓度。冬季醋中水分变成冰块，将冰块捞出叫作“抽水”。经“夏伏晒、冬捞冰”的陈酿，水分蒸发，形成绵、酸、香、甜、鲜的品质。

小贴士：

曲是山西老陈醋酿造的糖化发酵剂，山西老陈醋酿制的主要原料是高粱、玉米、大麦、豌豆。山西老陈醋的陈酿期为9—12个月，有的甚至长达数年。

醋坛子

山西人离不开醋

小西： 爷爷，我还有一个问题。山西老陈醋“过夏不霉、过冬不冻、永不过期”，这是真的吗？

老山： 咱们听听老醯儿怎么说吧！

老醯儿： 山西老陈醋酿制技艺是国家级非物质文化遗产，用这样的技艺酿出来的醋，像白酒一样，有不同度数之分。一年的醋是6度，十年的醋是9度左右，三十年的老陈醋会变成膏状，度数能达11.5度。达到6度以上的醋就没有保质期了，时间越久，价值越高。所以说醋酒同源嘛，一个道理！

吃法有方

小西： 爷爷，您瞧，这饮水机里装的都是醋！

老山： 不足为奇！山西人“吃醋”是行家，“山西八大怪”第一怪即为“老陈醋是一道菜”。

老醯儿： 我名字中的“醯”，本义指醋，周代就有“醯人”这一专事酿醋的官职。据说，喜食醋、善制醋的山西人，正碰上“醯”与“西”同音，被称为“老醯儿”（“老西儿”），指爱吃醋的人。小西，我应该称呼你“小醯儿”。

小西： 哈哈，太逗了，爱吃醋的小孩儿。山西人为啥这么爱吃醋呢？

老醯儿： 山西人善酿醋，得益于山西独特的地理条件。山西人嗜醋，同样和山西地理位置的独特性有关。山西处于黄土高原，土壤碱性大，食醋可以调节体内的酸碱度。并且山西多产高粱、玉米、小麦，是面食之乡，蒸煮煎烤，山西人用尽各种手段，做出无数花样，面食种类不下数百种。在山西，一个人吃着面，就着馍，两样主食一起吃，绝非相声里的段子。对一部分山西人来说，不吃馍相当于没吃饭，面反而是一道菜；而对另一部分山西人来说，面是主食，馒头则是甜点。面食碳水化合物含量较高，饱腹感强，而醋有开胃健脾、帮助消化的功效。在山西北部地

吃饺子蘸醋

区，过去是农耕生活区和游牧生活区交界地带，吃肉较多，食醋能解腥膻去油腻。所以，对山西人来说，醋比任何调料都打紧。

小西： 这正如四川人吃辣椒是为了排出身体中的湿气，爷爷，看我举一反三的本领怎么样！

老山： 说得在理！据调查，一个山西人一年要吃掉10斤醋，远超全国平均食醋量。难怪叫“吃”醋，不是食醋，也不是蘸醋呢！

老醯儿： 山西人不仅爱吃醋，还吃出了新高度。早起喝、饭前饮、吃菜蘸、泡花生，都只是常规食醋。更令人称奇的是，现在还推出醋心巧克力、老陈醋元宵、老陈醋冰激凌、老陈醋月饼……山西人真是“万物皆可醋”。